I0804558

Ecosistemas

Praderas

por Nadia Higgins

Bullfrog Books

Ideas para padres y maestros

Bullfrog Books permite a los niños practicar la lectura de texto informacional desde el nivel principiante. Repeticiones, palabras conocidas y descripciones en las imágenes ayudan a los lectores principiantes.

Antes de leer

- Hablen acerca de las fotografías. ¿Qué representan para ellos?
- Consulten juntos el glosario de fotografías. Lean las palabras y hablen de ellas.

Durante la lectura

- Hojeen el libro y observen las fotografías. Deje que el niño haga preguntas. Muestre las descripciones en las imágenes.
- Lea el libro al niño, o deje que él o ella lo lea independientemente.

Después de leer

- Anime a que el niño piense más. Pregúntele: ¿Alguna vez has visto una pradera? ¿Has visto videos o fotografías? ¿Cómo la describirías?

Bullfrog Books are published by Jump!
5357 Penn Avenue South
Minneapolis, MN 55419
www.jumplibrary.com

Copyright © 2018 Jump! International copyright reserved in all countries. No part of this book may be reproduced in any form without written permission from the publisher.

Library of Congress Cataloging-in-Publication Data

Names: Higgins, Nadia, author.
Title: Praderas / por Nadia Higgins.
Other titles: Grasslands. Spanish
Description: Minneapolis, MN: Jump!, Inc., [2018]
Series: Ecosistemas | Audience: Ages 5–8.
Audience: K to grade 3. | Includes index.
Identifiers: LCCN 2017005962 (print)
LCCN 2017007792 (ebook)
ISBN 9781620318058 (hardcover: alk. paper)
ISBN 9781624966279 (ebook)
Subjects: LCSH: Grassland ecology—Juvenile literature.
Grasslands—Juvenile literature.
Classification: LCC QH541.5.P7 H52518 2018 (print)
LCC QH541.5.P7 (ebook) | DDC 577.4—dc23
LC record available at https://lccn.loc.gov/2017005962

Editor: Jenny Fretland VanVoorst
Book Designer: Molly Ballanger
Photo Researcher: Molly Ballanger
Translator: RAM Translations

Photo Credits: Dreamstime: Mikael Males, 20–21. iStock: lightpix, 5. Shutterstock: Jo Ann Snover, cover; Amy Nichole Harris, 1; Nancy Bauer, 3; Pindyurin Vasily, 4; Eduard Kyslynskyy, 6–7; Yurich, 8; Brian Lasenby, 9; Gil.K, 10–11; zahorec, 12–13; GUDKOV ANDREY, 17; robert _ s, 23tl; iordache, 23tr; Viktor1, 23mr; Giedriius, 24. SuperStock: Bernd Rohrschneider/FLPA, 14–15; imageBROKER, 16; Stephen Dalton/Minden Pictures, 18–19.

Printed in China.

Tabla de contenido

Cielo grande

La tierra es plana.

El cielo se ve enorme.

El pasto se mueve junto al viento.

Esto es una pradera.

Aquí crecen
pocos árboles.

En vez,
crece el pasto.

Puede crecer
muy alto.

Algunas praderas tienen temporadas.

Los inviernos son helados.

Los veranos chisporrotean.

Otras siempre
están calientes.

Estas son las sabanas.

Una temporada es seca.

Otra temporada trae la lluvia.

Las praderas son el hogar de muchos animales.

Los animales comen el pasto.

Comen en un lugar.

Y luego se van a uno nuevo.

nido

Durante el invierno,
el pasto se muere.

Algunos animales
no comen.

Hacen nidos.

Descansan.

En la primavera,
crece pasto nuevo.

¿Dónde están las praderas?

Las Grandes Llanuras de Norteamérica fueron cubiertas alguna vez con hierba salvaje. Hoy en día son principalmente granjas. El maíz y el trigo crecen y se expanden por millas.

Glosario con fotografías

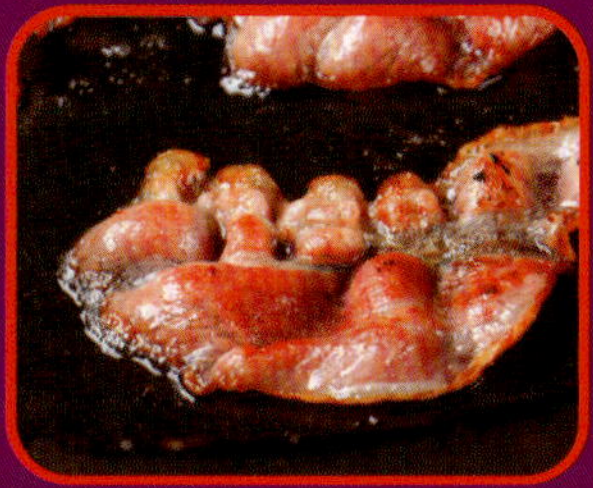

chisporrotear
Silbar por el calor que hace, como si se quemara o friera.

mecerse
Moverse suavemente de adelante hacia atrás.

pasto
Un tipo de planta con hojas largas y delgadas.

praderas
Pastizales con pocos o sin árboles los cuales se encuentran en un lugar que experimenta climas diferentes según la temporada.

sabanas
Pastizales con pocos o sin árboles los cuales se encuentran en un área tropical.

temporadas
Períodos del año determinados por un tipo de clima.

Índice

Para aprender más

Aprender más es tan fácil como 1, 2, 3.

1) Visite www.factsurfer.com
2) Escriba "praderas" en la caja de búsqueda.
3) Haga clic en el botón "Surf" para obtener una lista de sitios web.

Con factsurfer.com, más información está a solo un clic de distancia.